D1749357

Michael v. Graffenried
Bendicht Luginbühl

# Berner Beizen-Porträts

VDB Verlag Bern

© 1982 by Verlag
Verbandsdruckerei · Betadruck Bern
Druck: Verbandsdruckerei · Betadruck
Printed in Switzerland
ISBN 3-7280-5353-8

## Zu diesem Buch

Mit soziologischen Erhebungen und kulinarischen Führern können Trends gezeigt und Sterne verteilt werden. Über das wirkliche Innenleben der Restaurationsbetriebe – von noblen Speiserestaurants über die Beizen bis hin zu den Schnellimbissbuden – weiss man hingegen nach derartiger Lektüre recht wenig.

Dem «Phänomen Beiz» ist nur über persönliche Kontakte näherzukommen. Wir haben im Lauf von sieben Monaten versucht, in Gesprächen mit Gästen und Angestellten Stimmungen auszuloten, Beweggründe der Beizengänger auszumachen, kurz, über erste Eindrücke hinauszugehen.

Die Porträts in diesem Buch sind eigenständige, unterschiedlich geartete Momentaufnahmen. Ihr textlicher Umfang hängt davon ab, wieviel die einzelnen Leute zum Thema «Beiz» zu sagen hatten beziehungsweise sagen wollten, wie weit für sie die Beiz von alltäglicher Bedeutung ist. Bei der Arbeit mit der Kamera wurde uns die halbprivate Atmosphäre bewusst, von der sich die Gäste trotz des öffentlichen Charakters einer Beiz umgeben wissen.

Beizen spiegeln direkt und unverfälscht das soziale Leben wider. Die vergangenen Monate haben uns gezeigt: Wer etwas über die Stimmung in der Gesellschaft erfahren will, geht in die Beiz.

«Ir Beiz faht eigetlech alles a, d'Kultur, d'Politik, alles.»

# Heinz W., Kellner, im Stadtrestaurant zur Münz an der Kochergasse

«Einisch sy öppe hundert Lüt vo dr Jugendbewegig hie gsy. Mir hei se bedient wie anderi Gescht ou. Aber si hei mi dutzt u de han i dänkt, de dutzisch se ou.» Heinz W. arbeitet in vier zeitlich verschobenen Schichten, auch an Abenden, an Wochenenden. «Das macht mer eigentlech gar nüüt us, die unregelmässigi Arbeitszyt. Stinke tuet mer dr Job nume, we vil schwiregi Gescht ume sy, wo eklig tüe. Es sy meischtens Froue, die schiine vil difisiiler z'sy.»
Den «Verleider» darf sich Heinz natürlich in keinem Augenblick anmerken lassen: «Mir hei füf Stärne, mir müesse es guets Benäh ha.»

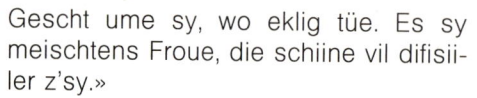

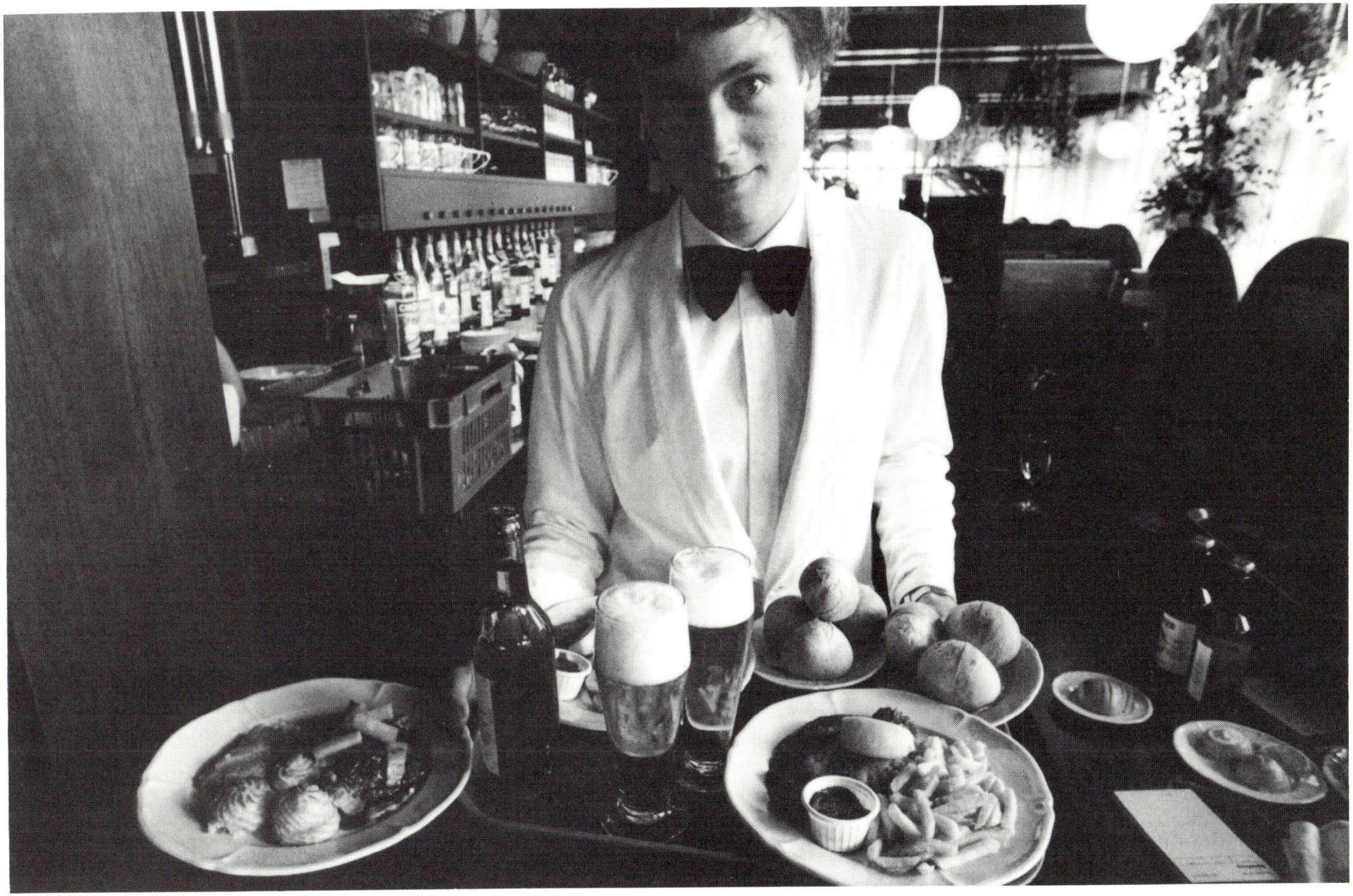

# Gustav G., pens. Sattler, im Restaurant Anker am Kornhausplatz

«Früecher, won i no z'Chüniz gwohnt ha, bin i hüüfig jede Tag ir Beiz gsy.» Heute geht Gustav G. immer dann, wenn er in der Innenstadt Besorgungen zu machen hat, «zwüschedüre rasch ufenes Kafi fertig».

Der pensionierte Sattler hat an diesem Morgen ausser seinem neuen Gehstock eigentlich nicht viel zu rühmen: «Itz, wo ds Loufe wider besser geit, chumen i o chli meh ume, de chan i besser es Zimmer mit Lift ga sueche.» Gustav Gs. Unmut bricht los, er erzählt, dass er soeben auf dem Wohnungsamt gewesen ist, «will's öppis günschtigs gha hätti». Und dass ihm gesagt worden sei, dass sich bereits über zweihundert Interessenten gemeldet hätten. «S'isch äbe so. We du hie ir Stadt öppis wosch, de muesch eifach Beziehige ha.»

G., der «i de guete Zyte» Besitzer einer Sattlerei gewesen ist, mag eigentlich kaum sprechen. Ihm passt der Lauf der Dinge sowieso nicht mehr. «Ufzmau i de Jahr isch ds Gschäft nümme glüffe, i ha geng meh Stüüre müesse zahle, suberi Handarbeit isch o nümme gfragt gsy, aus het nume no d'Priise drückt.» Gustav G. hat sein eigenes Geschäft aufgeben müssen und bis zur Pensionierung Arbeit in einem Zeughaus gefunden. Er hat nach eigenen Angaben kaum noch Kontakte zu anderen Leuten. Mit dem Niedergang seines Gewerbes ist ihm der Boden unter den Füssen weggezogen worden. «Schaad, dass z'Gwärb nümme louft», meint der 74jährige.

Ab und zu taucht G. aus der städtischen Anonymität an die Oberfläche auf. Dann findet man ihn in der Beiz.

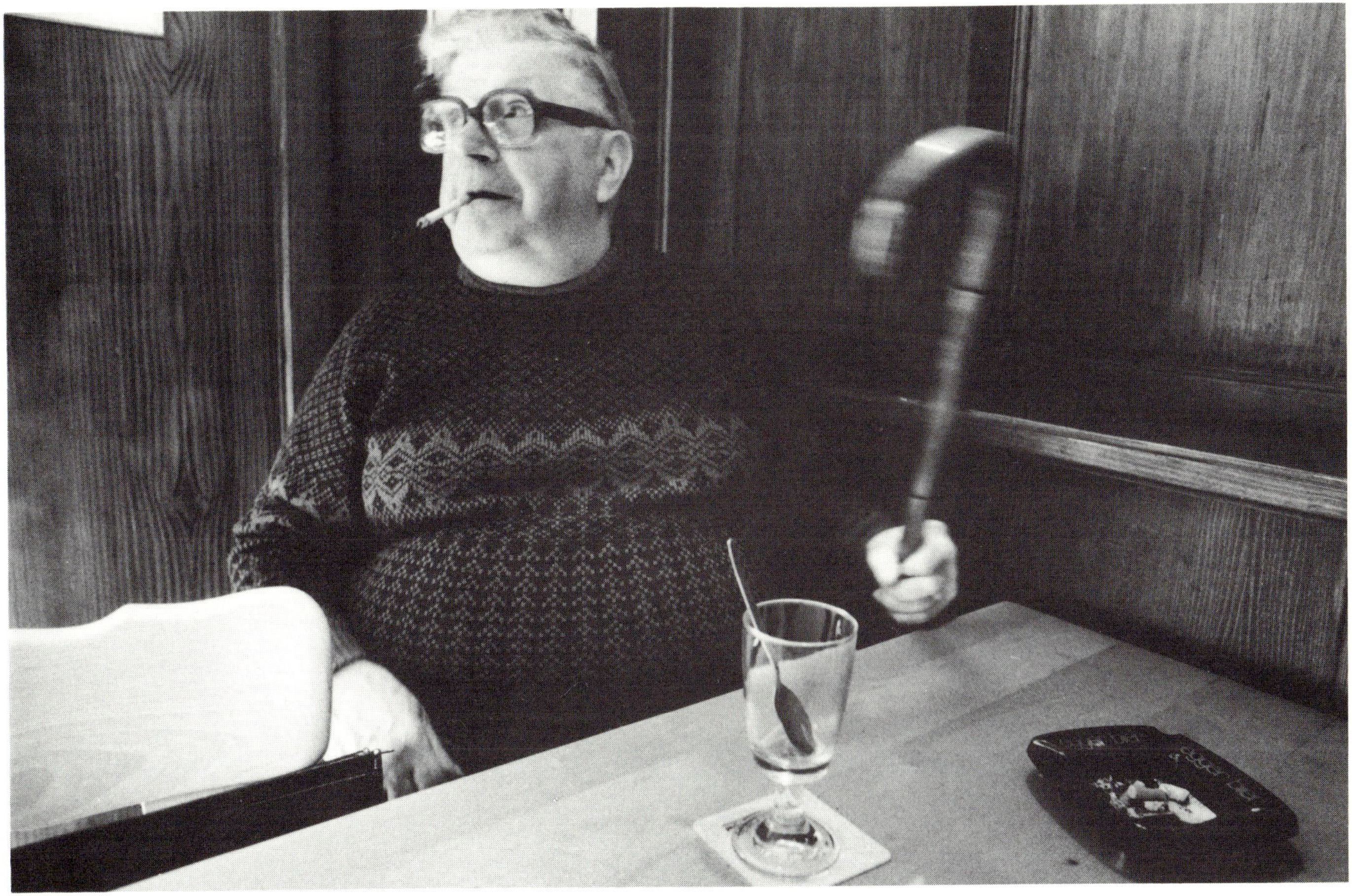

# Urs B., selbständiger Fotolithograf, im Restaurant Zähringer an der Badgasse

«Achtzg Prozänt vo allne Chunde-Aquisitione machen i ir Beiz.»

Urs B. hat ein eigenes Foto-Repro-Geschäft. Für ihn ist die Beiz eine wichtige Station: Er macht neue Kontakte, trifft die eigenen Kunden: «Itz han i zum Bispil dr ‹Blaubart›, dr Maler Timmermann, troffe. Mir hei üs öppe zwänzg Jahr nümme gseh, är het mi wider kennt u het mer grad en Uftrag gha. I machen ihm itz ds Plakat für sy nächschti Usstellig.»

Urs B. sitzt viel im Zähringer an der Aare. «S'isch spezifisch für Wärbelüt, die ässe vil hie, vor allem am Mittag.» Der Werbemann ist in der Stadt aufgewachsen, zwischen zwanzig und dreissig Jahren viel im Ausland gewesen. Trotzdem kann er die Entwicklung der Berner Beizen beurteilen: «Dr sozial Charakter vore Beiz nimmt zuesehends ab. Ds Ässe ir Beiz isch plötzlech nümme e Sälbstverständlechkeit. D'Menücharte wärde immer snobistischer, me bietet nume no tüüri u usgwählti Menü a u macht de natürlech o snobistischi Priise. Derby sött ds Ässe ja würklech nid zumene bsungere Ritual wärde.»

11

# Hansruedi R., Bierfuhrmann, in der Gerechtigkeitsgasse

«Ir Stadt macht eim dr Verchehr öppe mau Müeh, mi fingt chuum Platz zum Ahalte mit däm grosse Wage.»
Hansruedi R. fährt seit 26 Jahren Bier; mal führt sein Kurs über Land, mal buckelt er gemeinsam mit seinem Kollegen Harasse und Fässer in der Stadt durch dunkle Gänge und über verlassene Hinterhöfe. «Im Summer, we mer di grosse Fueder hei, hänke di vile Chäller ir Altstadt a, da mues me de halt doch aus vo Hand abetrage, u es isch aube nid weni.» R. bebaut in seiner Freizeit einen eigenen Schrebergarten, jodelt in einem Klub und sieht sich im Winter «unheimlech gärn» die Skiweltcupabfahrten am Fernseher an.
«I weiss geng öppe, was i z'stimme ha», sagt der aktive Stimmbürger von sich, der nicht verstehen mag, «wieso dass dä gross Huufe, wo nid geit ga stimme, de glych geng öppis z'pääge het.»

13

# Lim, Fast-food-Servierer, im Migrolino an der Marktgasse

«Arbeit ist vor allem dann langweilig, wenn keine Leute da sind!» Lim ist vor zweieinhalb Jahren aus dem thailändisch-kambodschanischen Grenzgebiet geflüchtet, vertrieben von ständig aufflammenden kleinen und grösseren Kriegen.

Lim arbeitet seit zwei Jahren im Migrolino, hat einen Anstellungsvertrag wie seine Kollegen. Er spart, um sich später ausbilden zu lassen.

Lim spricht – relativ flüssig – eine Mischung aus Hochsprache und Berndeutsch und hat kaum Mühe, einem Gespräch zu folgen: «Nicht schwirig, mit Schweizern auszukommen, nur manchmal der Sprache wegen ein wenig.»

Der Hamburgerverkäufer, der sich hier eine andere Zukunft erarbeitet, antwortet auf die Frage, ob ihm seine Arbeit passt, mit einem knappen «es geht». Lim und seine fünf Arbeitskollegen sind ohnehin kurz angebunden. Sie wagen es kaum, mehr als einen Satz zu sprechen. Sie werden von ihrem Chef ständig im Auge behalten. Er kommandiert, sie haben zu gehorchen. Er kommandiert viel.

In seiner Freizeit spielt Lim Tischtennis.

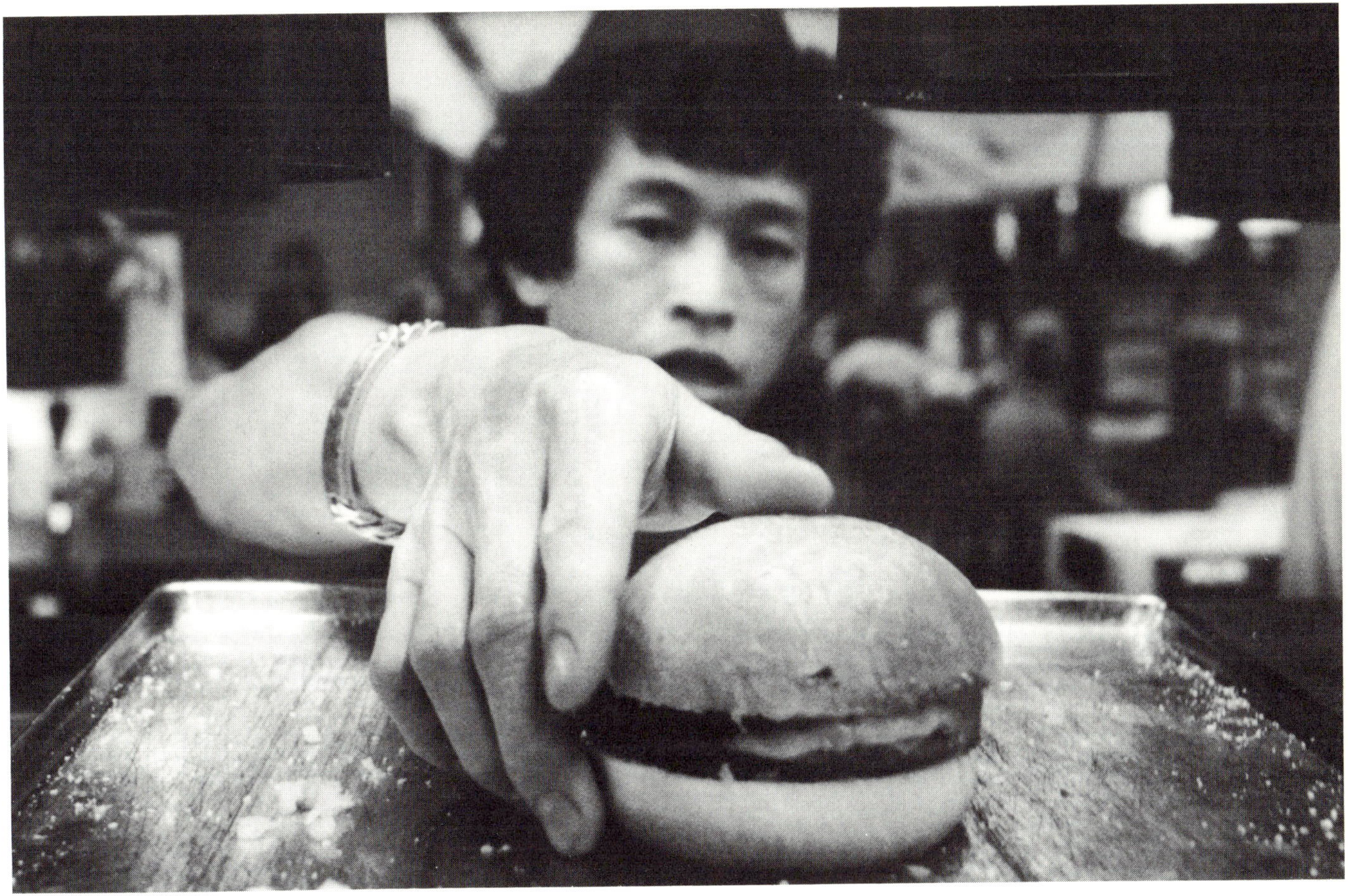

# Jean-Jacques G., Hotelier, in der Schultheissenstube des Hotels Schweizerhof

«D'Schultheissestube im Schwyzerhof isch international anerchennt und im Bsitz vom guldige Schlüssel, enere Uszeichnig, wo nume grad siebe Restaurant hei ir ganze Schwyz.»

Jean-Jacques G., 29 Jahre junger Chef des Hotels Schweizerhof, steht einem Betrieb vor, der jeder Geldbörse, ausser gerade der kleinen, etwas zu bieten hat: «Man kann sich streiten, was hier bei uns nobel oder nicht nobel ist.»

Der Hotelier konstatiert, dass «d'Originalität fählt i de Bärner Beize», dass «d'Stadt turistisch zweni beweglech isch» und auch, dass «d'Jugend i dere Stadt nid akzeptiert wird». Jean-Jacques G. muss sich beweglich halten, unternimmt regelmässig Ausflüge ins Ausland, auch um sich ein Bild davon zu verschaffen, was andere Gastronomen ihren Gästen anzubieten pflegen. Er wehrt sich dagegen, dass man glaubt, sein kleines Imperium werde nur von etablierten, zahlungskräftigen Personen besucht: «Es git jungi Lüt, wo bi üs ds Menü Gastronomique für 90 Franke ässe, das isch für sie e Trip.»

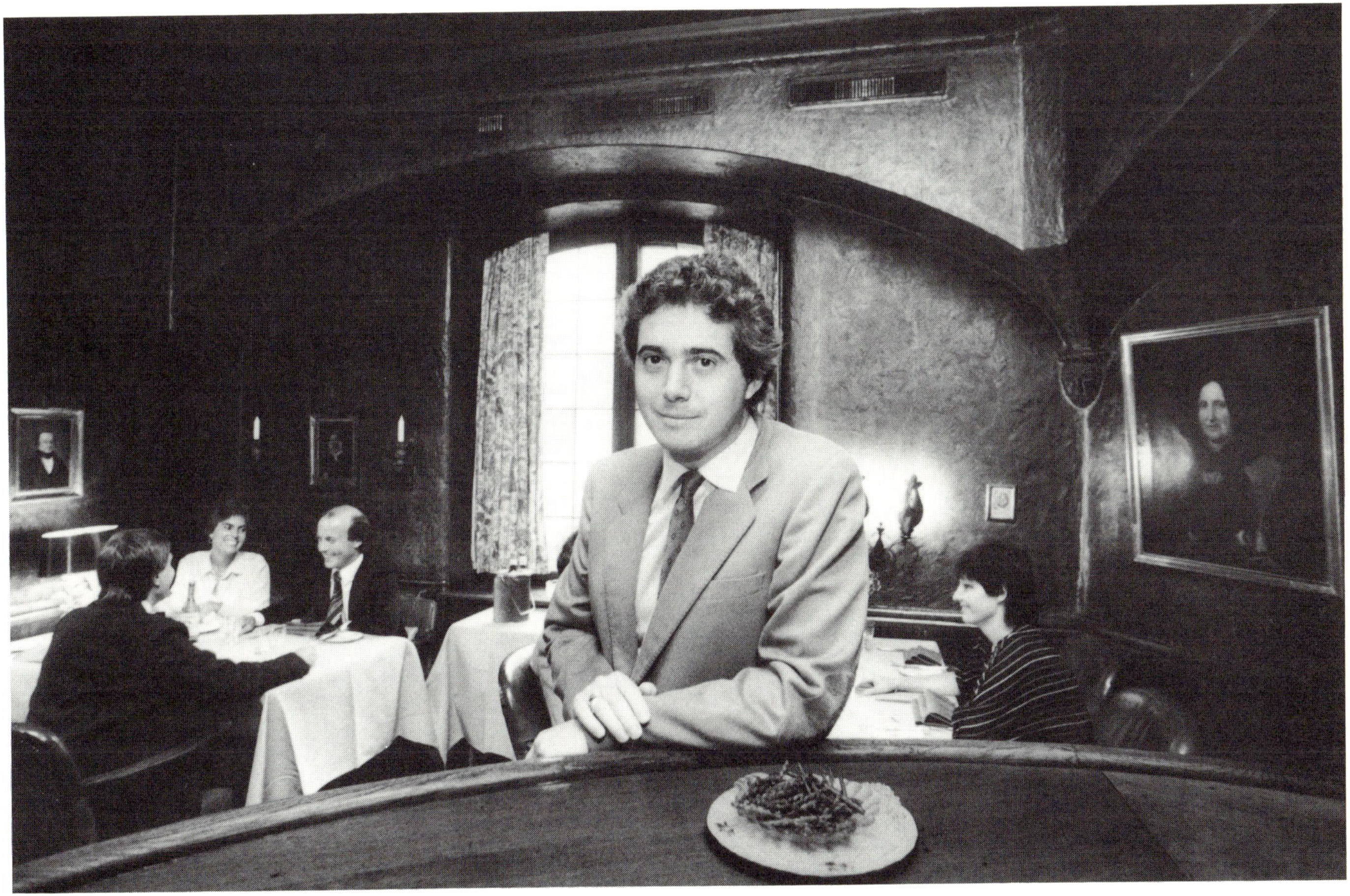

# Schwester Greti, Diakonissin, im Tea-Room Merkur an der Spitalgasse

«I ha ds Läbe lang Lüt bedient, itz lan i mi zwüschedüre ganz gärn sälber bediene»: Schwester Greti trifft sich regelmässig dienstags mit Schwester, Schwägerin und Freundin zum Tee. Nicht zufällig sitzen sich die Frauen gerade im «Merkur» gegenüber. Sie wünschen sich «e nätti, ufmerksami Bedienig» in einer Atmosphäre «ohni ständigs Drück».

Schwester Greti macht sich Sorgen um den Lauf der Welt. Auch um diese Sorgen, um Alltagsprobleme zu diskutieren, ist die Begegnung im Tea-Room gut: «Hüt isch alles vil zuegspitzter worde, vil hokticchor u unübersichtlicher. I störe mi a de grosse Betonblöck am Stadtrand, die mache mi fasch e chli schwärmüetig» meint die 76jährige Diakonissin. Sie lebt heute im Berner Salemareal, «imene schöne, grosse Huus», hört sich die Konzerte des von Schwester Sabine dirigierten Diakonissinnenorchesters an. Liest Bücher, zum Beispiel Novellen von Stefan Zweig oder Erzählungen, welche die Lüneburger Heide zum Thema haben: «Die wyti Landschaft cha mi unghüür faszinsiere.» Doch erbauliche Stunden mit klassischer Musik und Literatur vermögen Schwester Greti – die bald nach der obligatorischen Schulzeit bereits «d'Berüefig zum Hälfe gspürt het» – nicht über grosse zwischenmenschliche Unstimmigkeiten in ihrer nächsten Umgebung hinwegzutäuschen: «Itz hei doch da chürzlech es paar vorgschlage, uf Demonstrante zschiesse. Da chan i nume mit de Wort vomene verstorbene Schouschpiler kontere: ‹Denn sie wissen nicht, was sie tun!›»

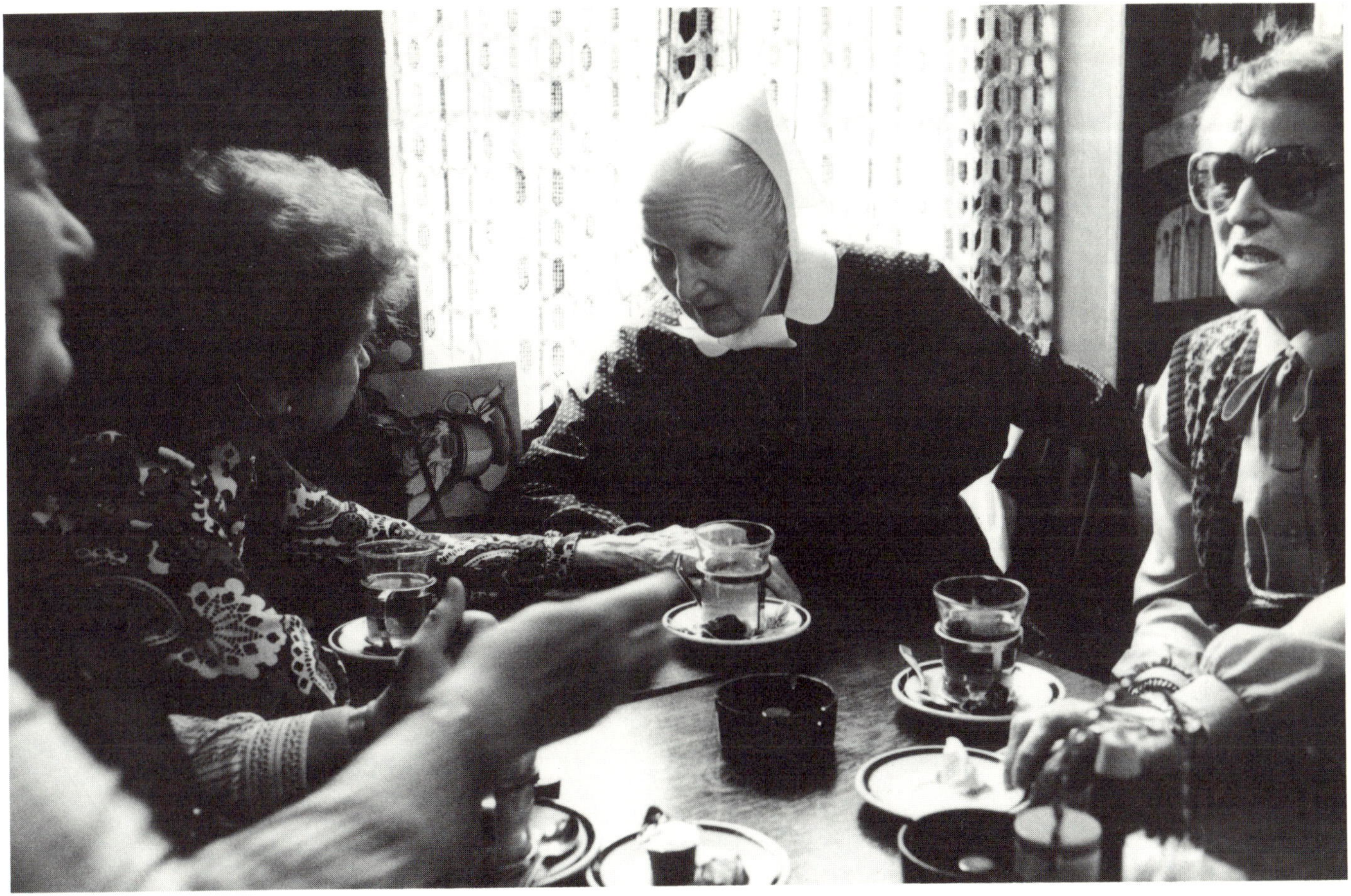

## Beat S., Lastwagenmechaniker, mit Freundin Christiana R. im Restaurant Landhaus am Klösterlistutz

«Im Winter isch d'Beiz quasi e zwöiti Heimat.» Beat S. geht grundsätzlich in alle Beizen, vor allem, um unter den Leuten zu sein, um sie zu beobachten: «Das machen i huere gärn.»

Christiana R. dagegen würde beispielsweise nie ins Kukuz (Brasserie Lorraine) gehen und auch nicht ins Bierhübeli. Sie sitzt viel lieber in Tea-Rooms, besieht sich mit Vorliebe Menschen, die allein an einem Tisch sitzen.
«I Dräckspuntene wie ds Zimmermania» geht Beat S. lieber mit einem Kollegen: «I sueche keni Lämpe, aber wes git, wychen i nid us.»
Der gelernte Lastwagenmechaniker ist Mitglied eines Boxclubs und hat seine Schlagkraft in der jüngeren Berner Geschichte bereits unter Beweis gestellt: «D'Randalierer hei geng wider us demoliert, di ganzi Zyt Schybe kaputtgschlage, da het's de mau Schlegu ggä mit de Bewegler, da hei mer öppe z'dryssgehöch säuber mau e chli Ornig gmacht. Aber bevor dass i zuegschlage ha, han i immer zersch indiräkt gfragt: ‹Geisch eigetlech ga bügle?›»

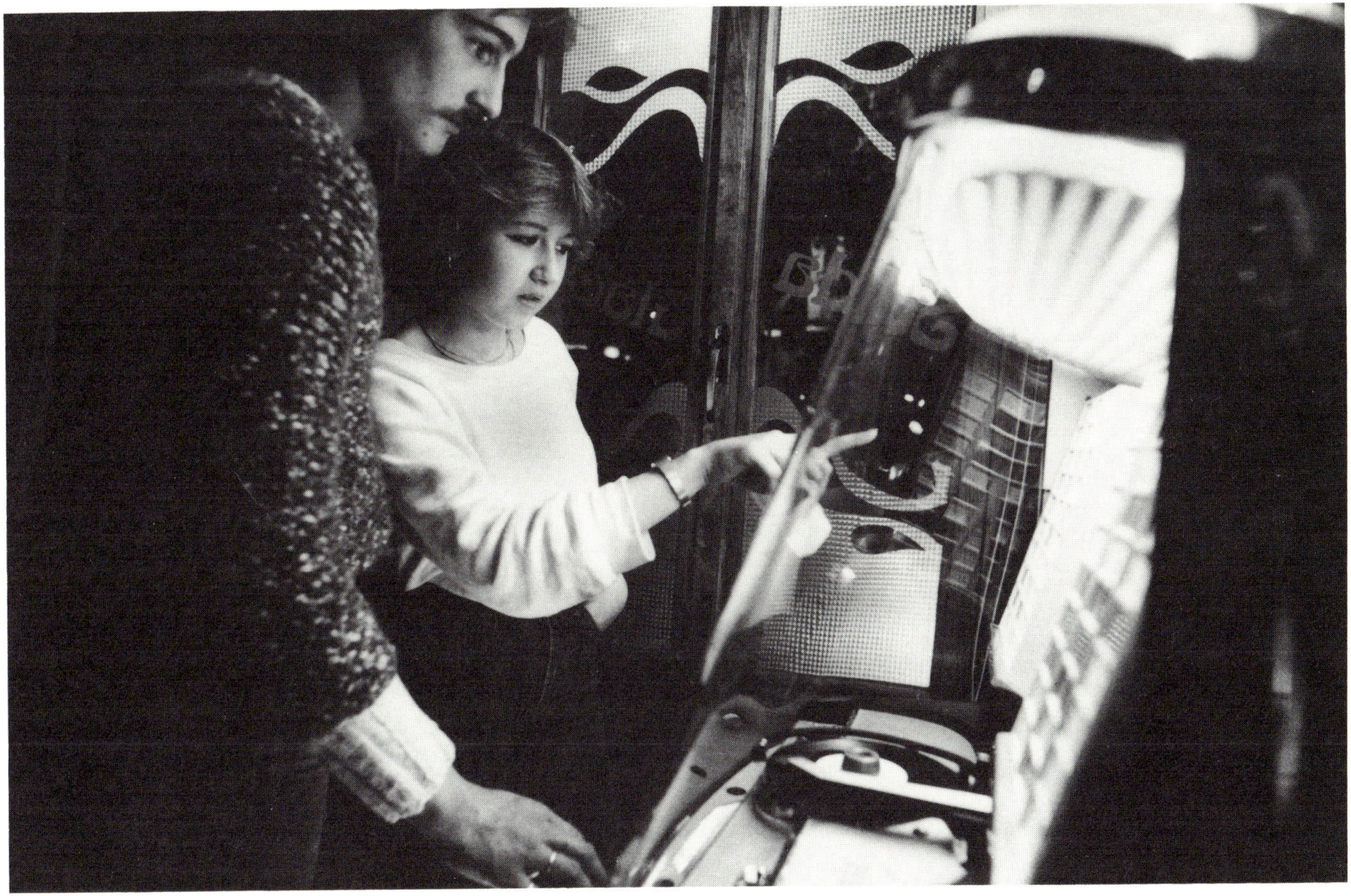

## Toni G. und Sämu S. im Tea-Room Café Plattform

«D'Beiz isch Dräischybe für Usenandersetzige, es isch nume schaad, dass die de hüüfig i Suufereie usmünde», meint Toni G., der an diesem sonnigen Nachmittag mit Rollschuhen und Walkman in der Stadt unterwegs ist. Er sieht den grössten Vorteil der Beiz in der Möglichkeit, «ganz schpontan u ohni irgend öppis chönne uf d'Lüt yzschtyge, ou ohni dass me se vorhär scho kennt het.»

Toni G. geht nur in Beizen, von denen er annimmt, dass er offene Leute antreffen kann, Leute, die ihrerseits in der Absicht gekommen sind, Gesprächspartner zu finden. «Was mer de vil nid passt am Beizebetrieb, isch d'Tatsach, dass hüüfe gueti Gedanke im Alkoholdunscht versumpfe u vil gredt u wenig gmacht wird.»

Toni G. ist der Überzeugung, dass viele Gesellschaftsstrukturen in der Beiz klarer als sonstwo sichtbar werden: «Am meischte beschäftiget mi de jewyls, dass i das, was i ir Beiz gseh, für mi sälber o cha umsetze.»

23

«Hüt isch me wieder zwunge,
sech i de Beize z'träffe,
u dert gits äbe Konsum-
zwang.»

# Silvia W., Hausfrau, und Bettina
## im Tea-Room Gfeller am Bärenplatz

«Hie im Gfeller isch's für mi gäbig, wil Platz da isch für e Chinderwage. So Müglechkeite bietet ja äbe lang nid jedes Restaurant.» Silvia W. lebt in Thun und kommt ab und zu nach Bern zum Einkauf, weil sie das Sortiment in der Bundesstadt interessanter findet, hier eher auf originelle Geschenke stösst, und weil sie «unger de Loube o cha ychoufe, wenn's wüeschts Wätter isch».

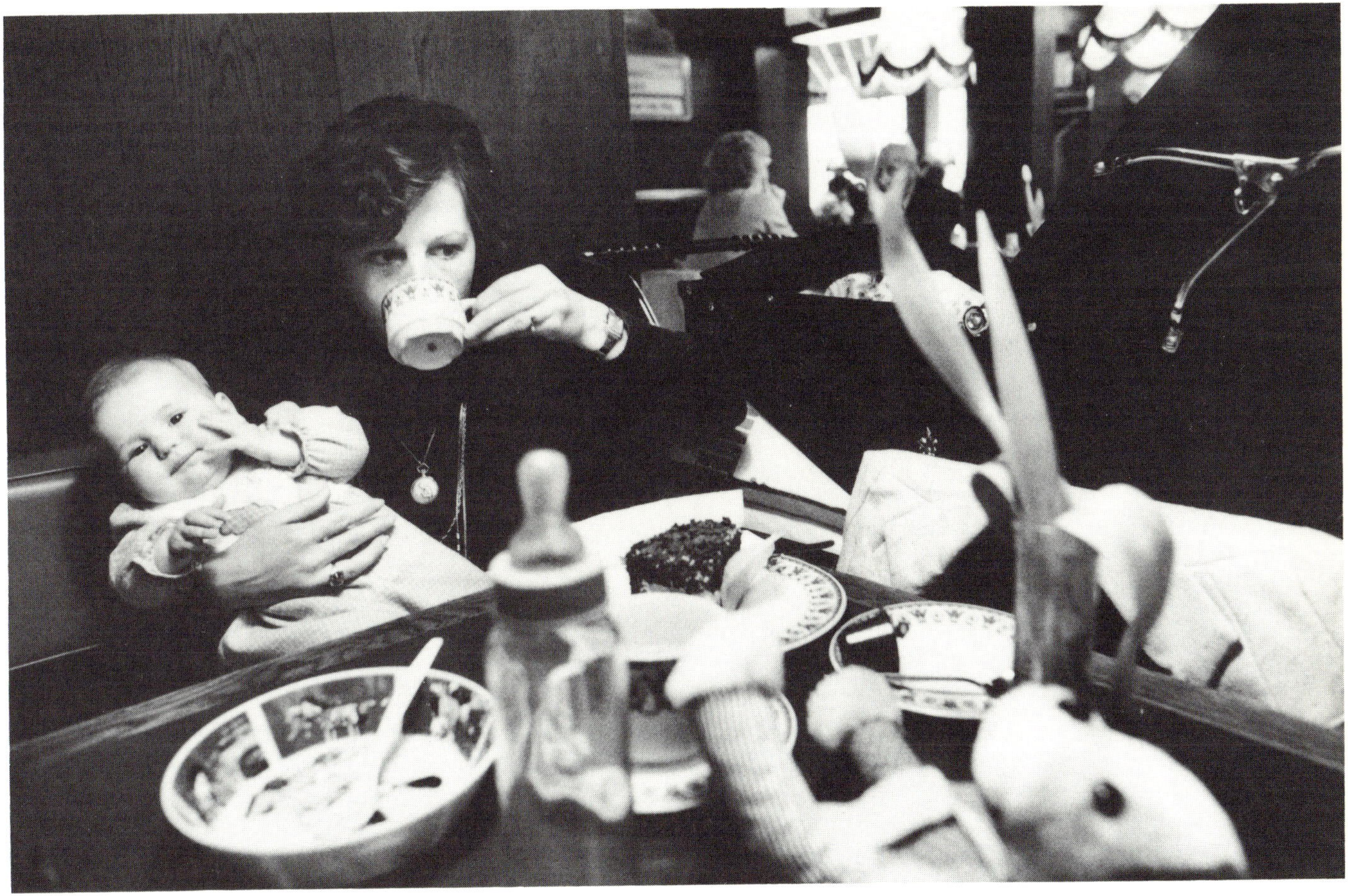

# Ernst L., pens. Transporteur, in der Herberge zur Heimat am Antoniergässchen

«Im Gägesatz zu früecher isch z'säge, dass es hüt viu weniger Beize git ir Stadt. Es isch mängi zueggange sithär.» Ernst L. wohnt seit seiner Pensionierung vor zwölf Jahren im Hotel Hospiz zur Heimat, bezahlt die Pauschale von 150 Franken aus AHV und Pension. «I ha schon lang e ke Name meh», meint der Alte, der während unseres Gesprächs die meiste Zeit am Tisch sitzt und fernsieht. Nur zwischendurch lächelt er listig, spricht zwei, drei Sätze und lässt durchblicken, dass er sich eigentlich mehr mit seiner Umgebung auseinandersetzt als seine Mitbewohner vermuten. Sie haben einigen Respekt vor dem alten Mann: «Dr Ärnscht cha ganz giftig sy, wen er wott.» Ernst L. verbringt die meiste Tageszeit draussen, führt einen Berner Sennenhund spazieren: «Dr Hung het's ganz guet, dä isch dr ganz Tag dusse, das isch mir de glych, öb's Summer isch oder Winter.»

«I bi gäng für mi», stellt Ernst L. fest. Er sagt das emotionslos und ruhig, hat keine Lust, seine Situation zu kommentieren. Am TV sind eben Bilder des zerbombten Beiruts zu sehen. Plötzlich steht Ernst L. auf, verschwindet wortlos und kehrt nicht mehr an den Tisch zurück. Die anderen Pensionäre nehmen davon keine Notiz. Sie sehen sich eine Episode aus der Krimiserie «Der Alte» an.

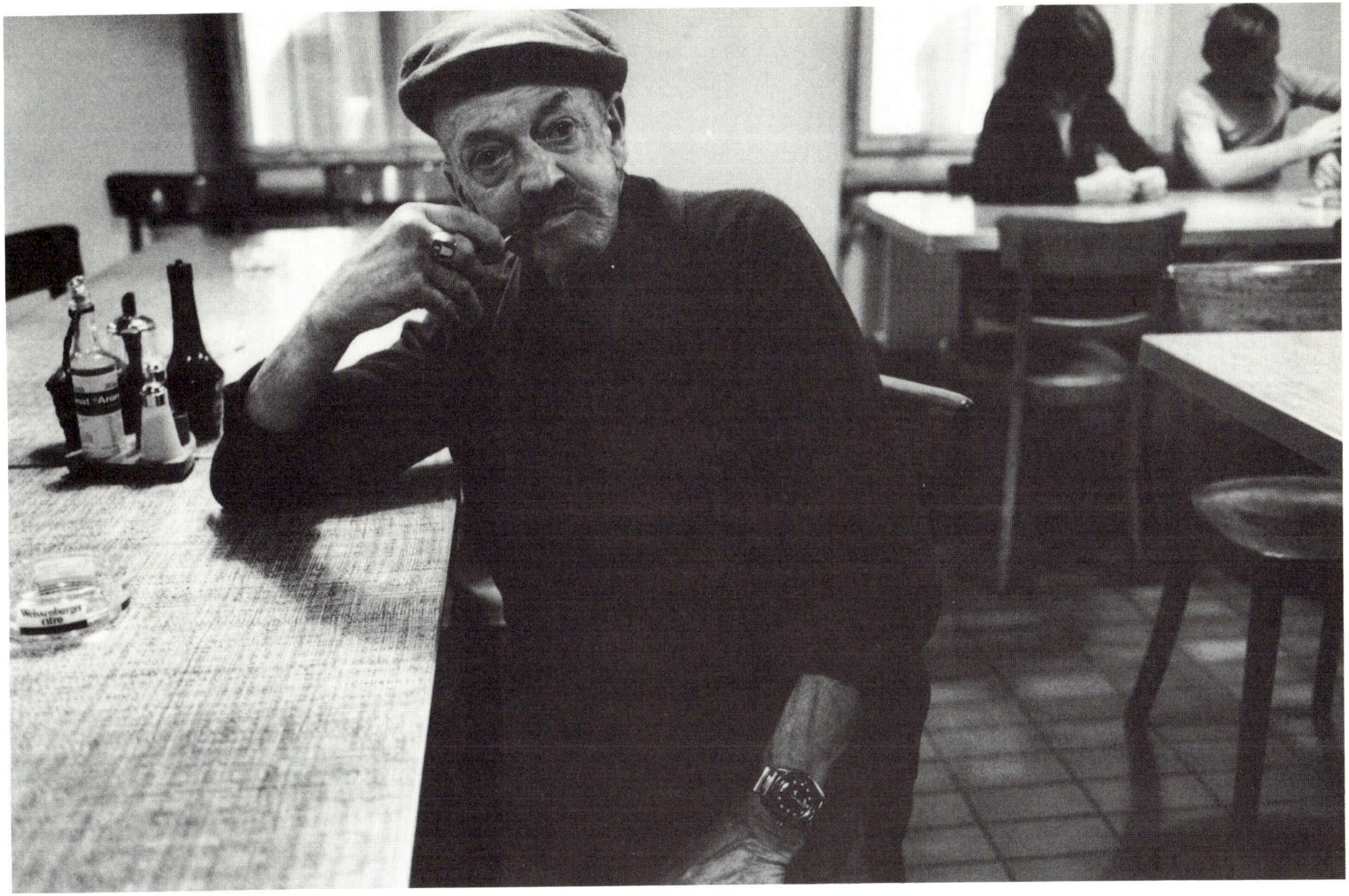

# Jimmy H., Chef des Bronco-Motorradklubs, im Restaurant Matte an der Gerberngasse

«I ga säute i Beize, won i ke Beziehig derzue ha.» Jimmy H. ist in der Matte gross geworden, dem vielleicht letzten Berner Quartier mit rasch einmal spürbarem Dorfcharakter. «Dr Mätteler isch eine, wo no i d'Beiz geit am Abe, eine, wo derzue luegt, dass dr Quartiergeist wyterfunktioniert.»

Der Chef des Bronco-Motorradklubs hat klare Vorstellungen von der Wichtigkeit traditioneller Gaststätten. Er weiss, dass Mansardenbewohnern und Alleinstehenden jeden Alters und jeder Prägung eine Gaststube vielfach das Wohnzimmer ersetzt: «Die soziali Funktion vonere Beiz isch ggä, wes müglech isch, dass dert di verschiedenschte Lüt verchehre. Aber äbe, es git gnue angeri Bischpiu. D'Schosshalde isch e Arbeiterbeiz gsy. Nachhär chunnt eine u macht e Frässbeiz druus. Das isch z'glyche, wie we me im Wald inne e dicke Boum useschrysst oder z'mitts imene Tannewald wott e Bueche pflanze.»

Jimmy H. mag auch die politische Bedeutung der Beizen nicht unterschätzen: «D'Meinigsbildig spilt niene so guet wie i dr Beiz. Aber nume so lang, wi nid jede zwunge wird, a sym eigete, chlyne Tischli z'hocke.»

31

# Ernesto S., Chef de cuisine, im Restaurant du Théâtre am Theaterplatz

«Ds Wort Beiz wird allgemein als gringschetzig agluegt. Beiz het vor allem öppis mit Getränk z'tüe, sobald me es höchers Niveau het, si d'Lüt fasch e chly beleidiget.»

Ernesto S., Präsident des «Cercle Chefs de Cuisine», bespricht alle Menüs bei der Vorbestellung mit seinen Gästen persönlich.

«Mir Chöch si imene Bruef, wo mer chöi Fröid mache», meint Ernesto S. Er kreiert seine – weitherum bekannten – kulinarischen Schöpfungen selber, kopiert, seinen eigenen Worten zufolge nie Kollegen. In der Küche des Maestros findet sich kein Mikrowellengrill, er besorgt den Einkauf persönlich. Der Gast kann sicher sein, dass ihm nur qualitativ hochstehendes Essen vorgesetzt wird.

Ernesto S., dessen Berufsethos selbstverständlich auch Büchsenkost ausschliesst, betont, dass «so nes Gschäft, wie mir hie hei, ohni Frou nid z'mache isch». Addiert man den täglichen Arbeitsaufwand des Ehepaars, kommen die Wirtsleute des Du Théâtre auf 34 Stunden pro Tag. «Das ist normal», meint Ernesto S.

Seine beiden älteren Brüder, die heute nicht mehr leben, haben denselben Beruf gehabt.

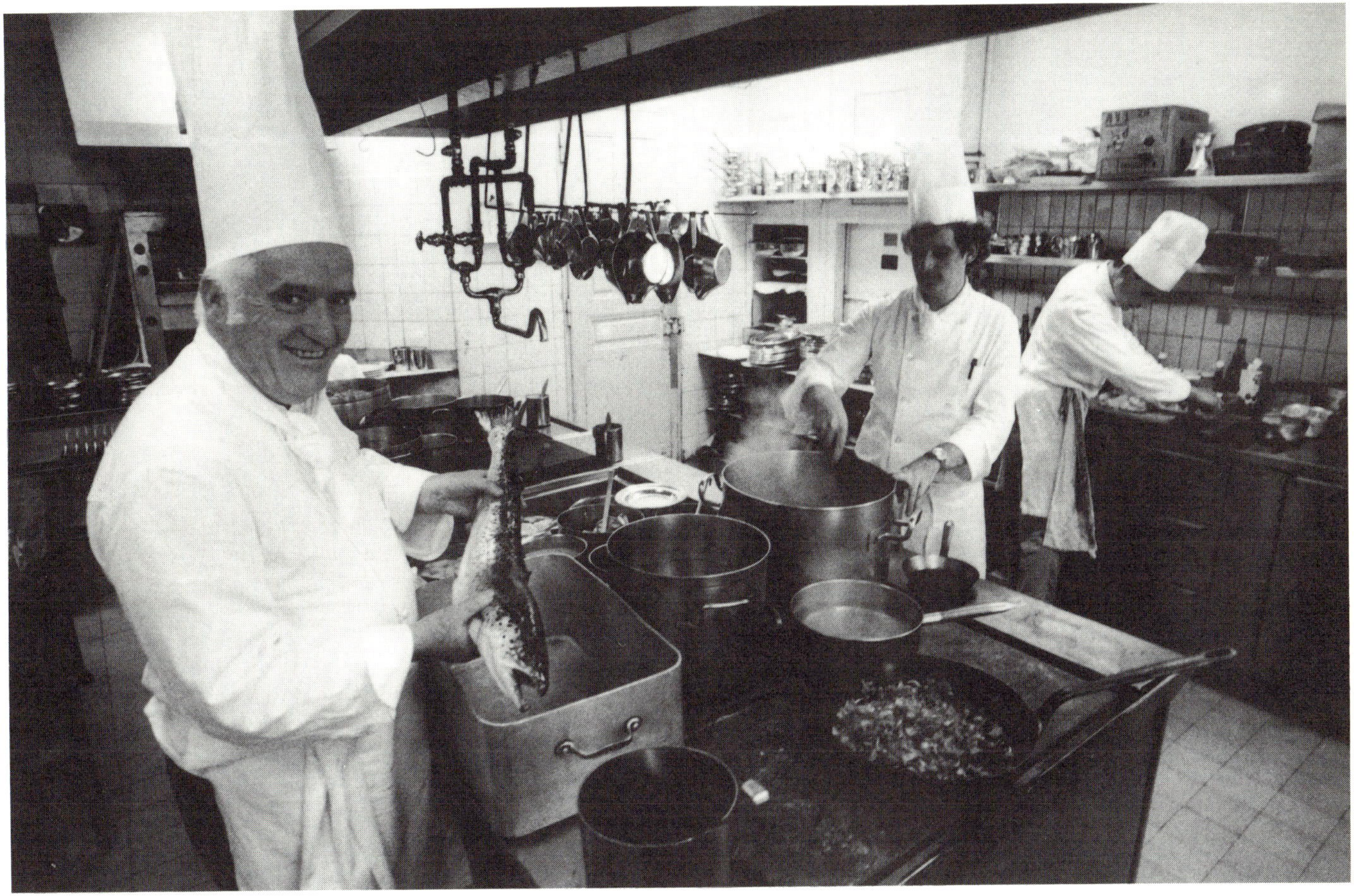

# Beat K., Sekretär des Schweizerischen Gewerkschaftsbundes, im Pressecafé an der Amthausgasse

«I dene zäh Jahr, won i z'Bärn bi, isch en ungloublech negativi Erschynig z'beobachte: I de Restaurant versuecht me immer meh, Flächi u Umsatz mitenand i ds günstigschte Verhältnis z'setze, probiert d'Verwylzyte vo de Gescht z'verchürze.»

Beat K. ist Sekretär des Schweizerischen Gewerkschaftsbundes. Die ökonomischen Strukturen, die allmählich zu einem Verlust der Funktionsfähigkeit der Beizen führen, sind ihm bestens vertraut: «Dr Gast isch nume no ds notwändige Durchloufselemänt in ere Profiterziligsstrategie.»

Der Gewerkschafter bewohnt gemeinsam mit seiner Gefährtin ein Einfamilienhaus in der näheren Umgebung der Stadt («leider kes architektonischs Meisterwärk, vil Beton») und legt den Weg zur Arbeit, zumindest in den gemässigten Jahreszeiten, meist mit dem Fahrrad zurück. «Das bhaltet mi fit.» Und erlaubt ihm, auch weiterhin einem seiner «Näbeläbeszwäcke» ab und zu nachzugeben: Dem Goutieren von Süssigkeiten. «Dass i dr Innestadt nume no Hochleistigsgschäft, syg es Büecherläde, Boutique oder Beize, chöi exischtiere, isch en allgemeine Usdruck vo dr Bodespekulation u vom Ufeschrube vo dr Boderändite», analysiert Beat K., welcher der vielen Zeitungen wegen fast täglich im Pressecafé anzutreffen ist.

34

35

# Ursula B., Hausfrau, mit Partner Ueli H. und Sohn Diego
## im Restaurant Altenberg am Uferweg

«Was mir i dr letschte Zyt i de Beize ufgfalle isch: D'Lüt hei vil nume sehr oberflächlechi Gspräch zäme u we me zu öpperem a Tisch sitzt, wo me nid kennt, de isch emene Gspräch gägenüber immer e chly Ablehnig vorhande.» Ursula B. ist mit ihrem Sohn Diego auf kinderfreundliche Beizen angewiesen, Beizen, die dem kleinen Mann auch mal ein paar unbeaufsichtigte Schritte möglich machen: «I findes no wichtig, dass ds Chind mau cha ufene Bank ufestah, ohni dass grad dr Tüüfel los isch.»
Eine Mutter, die auf kindergerechte Lokalitäten achtet und ihr Kind im Winter lieber unter Aufsicht zu Hause lässt («s'fägt für nes Chind nid, drei Stund inere verrouchnete Beiz inne z'sy»), ist nicht der einzige Vorteil des Künstlersohnes vor anderen Kindern: Beide Eltern sehen zu, dass Diego wenn immer möglich zwei Bezugspersonen hat: «Mir teile schampar vil, was der Chly anbelangt, de chume ou i ständig zu angere Bezugspunkte u cha das wieder a ds Chind wytergäh.»

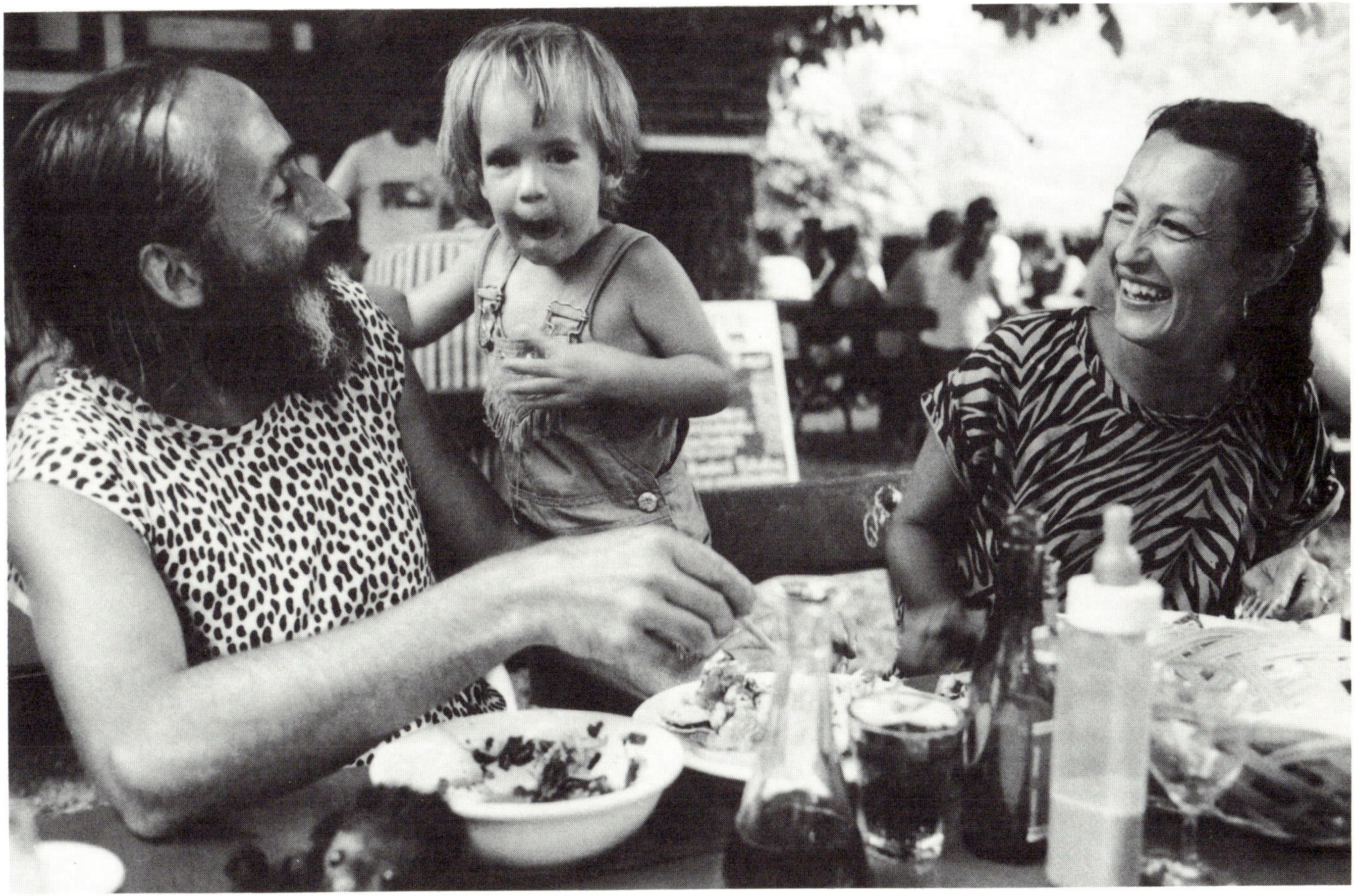

# Werner R., Wirt, im Restaurant Bierhübeli an der Neubrückstrasse

«I tue öppe beizere, bis i nünzgi bi», philosophiert Werner R., ein Wirt, der mit Restaurant-, Bankett- und Dancinggästen ebenso umzugehen weiss wie mit den Besuchern der weit über die Stadtgrenzen hinaus bekannten «Bierhübeli-Fuehre».

«Bi mir het jede Gascht z'glyche Rächt», stellt der – beinahe schon zur Legende gewordene – Wernu R. fest. Für ihn ist unverständlich, was sich gewisse Gaststätten in bezug auf Bewirtung der Gäste leisten: «Schwarz oder wyss, Jugoslav oder Schwytzer, fürne rächte Beizer sött dr Gascht e Herrgott 3y.»

Dass auch Wirte der sich rasch verändernden Umwelt Beachtung schenken müssen, dass sie gezwungen sind, sich laufend mit neuen Entwicklungen auseinanderzusetzen, auch davon berichtet der bärtige Bierhübeli-Pächter und Besitzer des St. Joseph in Gänsbrunnen: «O i ha im Louf vor Zyt psychologisch müesse umdänke bim Wirte, i bi viu diplomatischer worde.»

Trotzdem: Wenn's an gutfrequentierten Dancingabenden im Bierhübeli drunter und drüber geht, wenn alle Psychologie nicht mehr hilft, weiss Werner R. sich mit akkuraten Mitteln durchzusetzen: «We alls Zuerede nümme bringt, möggisch dr Schlimmst einisch z'grächtem a.»

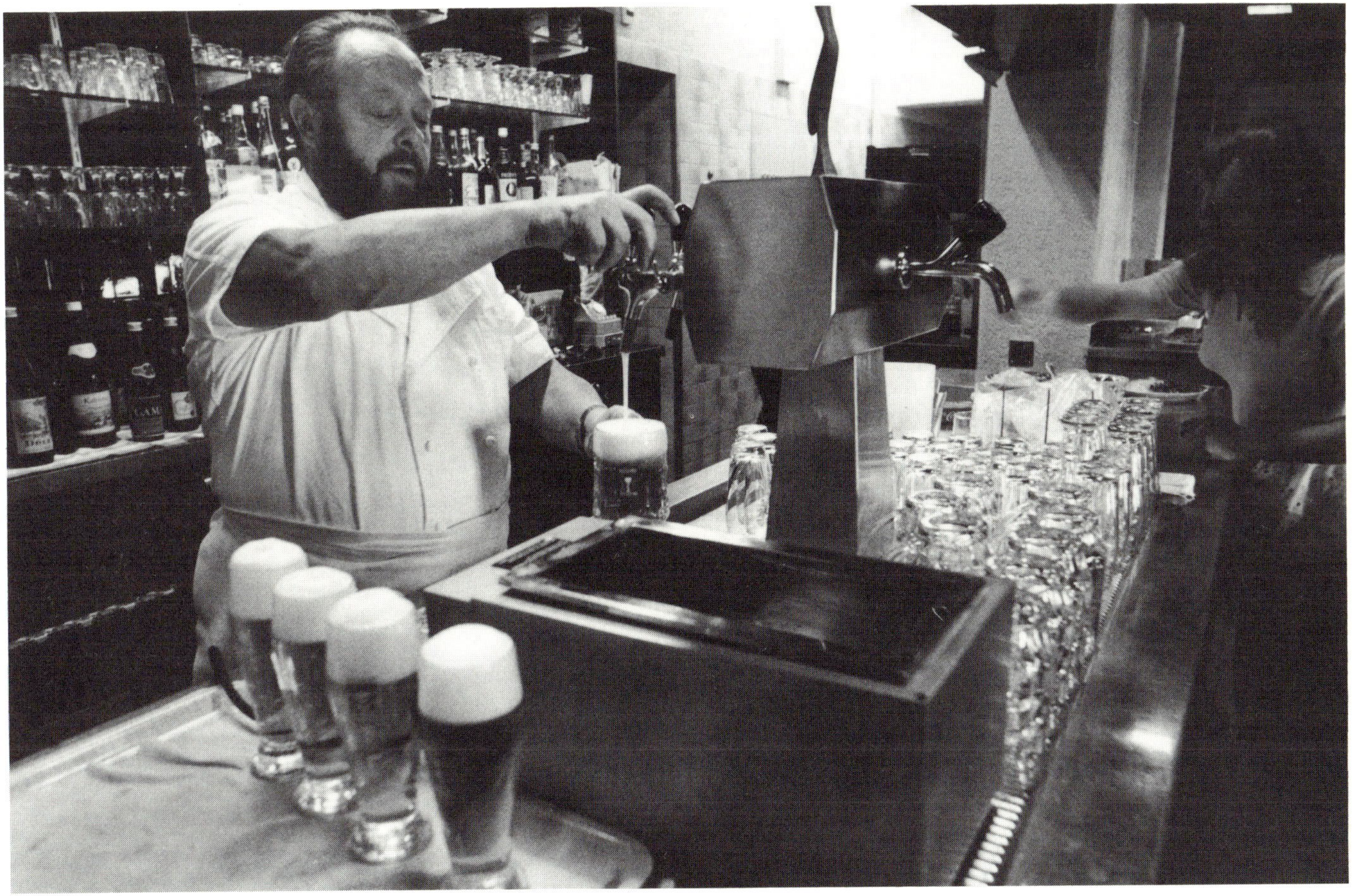

## Paul S., Chefredaktor, im Restaurant Old Inn an der Effingerstrasse

«Gottseidank hei mer ke Kantine.» Obschon die betriebsinterne Verpflegungsstation fehlt, braucht Chefredaktor Paul S. keine Reise zu unternehmen, wenn er mal Lust hat, die heiligen Redaktionshallen zu verlassen. Das Old Inn liegt gleich vis-à-vis; hier finden «vil vo üsne sogenannte Bund-Wandelhallegspräch statt».

Paul S., in früheren Jahren Alleinredaktor an einer zweisprachigen Zeitung und acht Jahre Stadtpräsident von Biel, weiss viel zu erzählen von der sich wandelnden Bedeutung der Beiz: «Früecher isch Beiz es meinigsbildends Forum gsi, das isch hütt nümme so. Villicht het ds Fernseh die Entwicklig starch beschleuniget.»

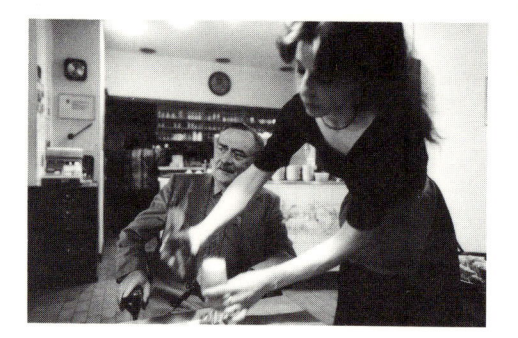

Der routinierte, 61jährige Zeitungsmann, der Fragen nach seiner allmählich näherrückenden Pensionierung mit einem dezidierten «mit füfesächzgi isch bi mir Ende» kontert, ist der Ansicht, dass es «würklechi Beize bau nümme git» und empfindet dies als Zustand der Verarmung. Nebst diesen beunruhigenden Feststellungen zum Thema Beiz, weiss Paul S. aber auch um eine positive Strömung: «D'Jugend trifft sech wider i de Beize.»

41

# Anton S., freier Strassenarbeiter, im Café B. an der Münstergasse

«D'Beiz isch e gueti Müglechkeit, Lüt z'finde, wo me süsch nid weiss, wo si azträffe sy.» Anton S. hat viel mit Leuten zu tun, die irgendwo und nirgendwo zu Hause sind.

Mit Jugendlichen vor allem, die sich in dieser konsumorientierten Gesellschaft der allgemeinen Marschrichtung der Massen widersetzen, sich andere Massstäbe aneignen und diese auch zu leben versuchen.
«E wichtigi Beobachtig für mi isch gsi, z'luege, i weli Beize sech d'Szene verlageret het nach dr Schliessig vom AJZ u vom Breitschträff», meint Anton S. und weist darauf hin, dass das heute geschlossene Autonome Jugend- oder Begegnungszentrum im Bereich der städtischen Treffpunkte eine Lücke geschlossen hat, die heute wieder offen klafft: «Im AJZ hei sech viel Lüt troffe, wo äbe dert gsy sy, wülls ke Konsumzwang gä het. Hüt isch me wieder zwunge, sech i de Beize z'träffe, u dert gits Konsumzwang.»

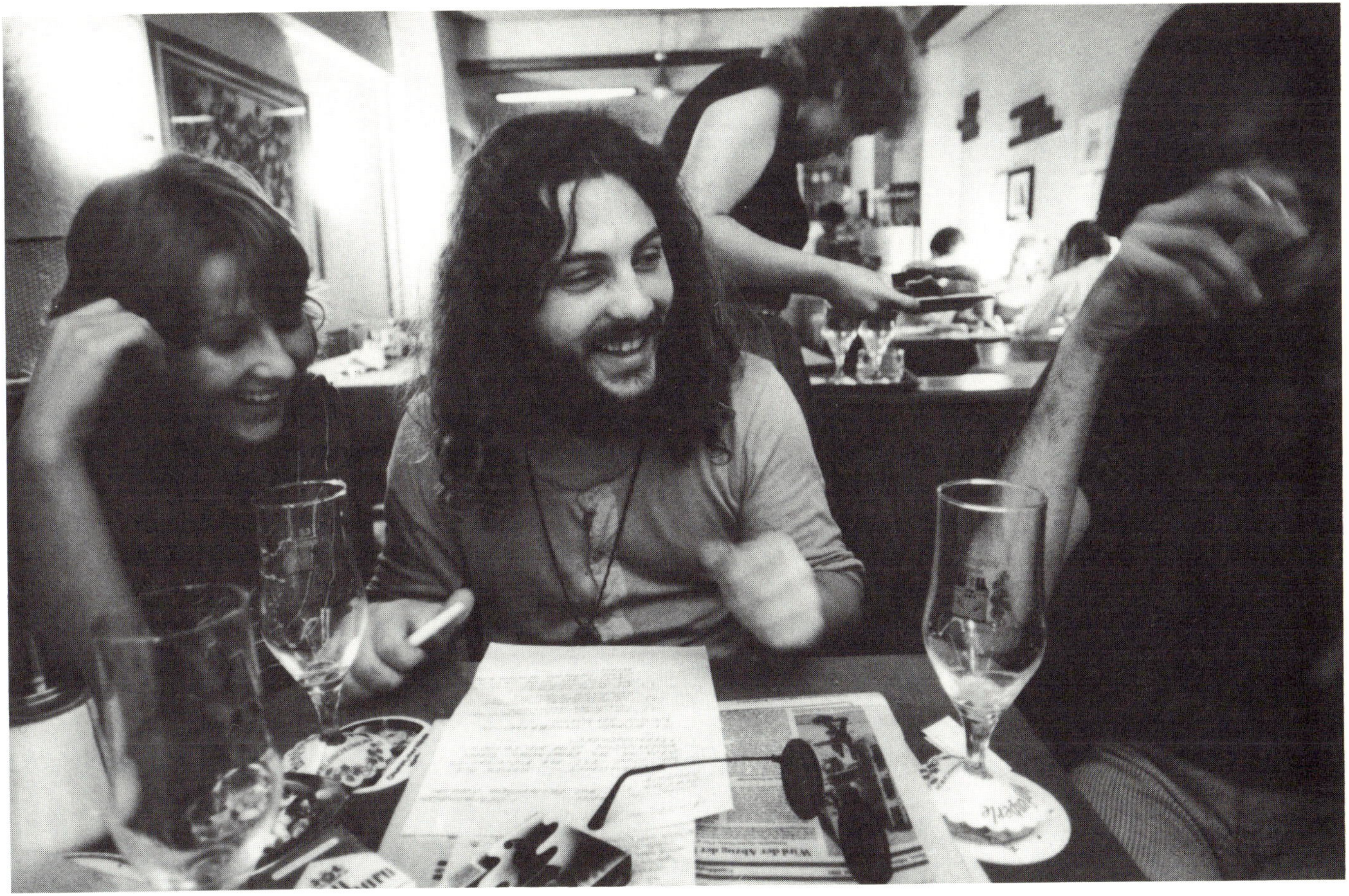

«Dr Usdruck Beiz
isch e Uszeichnig.»

# Walter M., Patron, im Hotel-Restaurant Bürgerhaus an der Neuengasse

«Trotz dr grosse Präsenzzyt han i keni Schwirigkeite mit myr Familie. Die isch integriert i dä Betrieb.» Walter M. ist seit sieben Jahren Patron in einem der vielbesuchten Berner Restaurants. Trotz täglichen Banketten, Versammlungen, Tagungen und Konferenzen findet Walter M. die Zeit, einen schönen Teil der eintreffenden Gäste persönlich zu begrüssen und sich seinen Job immer wieder zum Genuss zu machen: «We jede Beamte i sym Büro i dene Momänte, woner nüt schaffet, s' wenigstens o würd gniesse...!»

Auch einer der rund fünfzig Pensionäre, die sich täglich zur Mittagszeit im Bürgerhaus einfinden und vor der persönlich angeschriebenen Stoffserviette Platz nehmen, ist überzeugt, dass Walter M. einer jener Patrons ist, die sich den Spass an der Sache auch anmerken lassen: «Wes dr Walter nid würklech wurd troie, da z'schatte, de chönnters uf d'Lengi gar nid mache bi all dene Lüt u däm ewige Betrieb.»

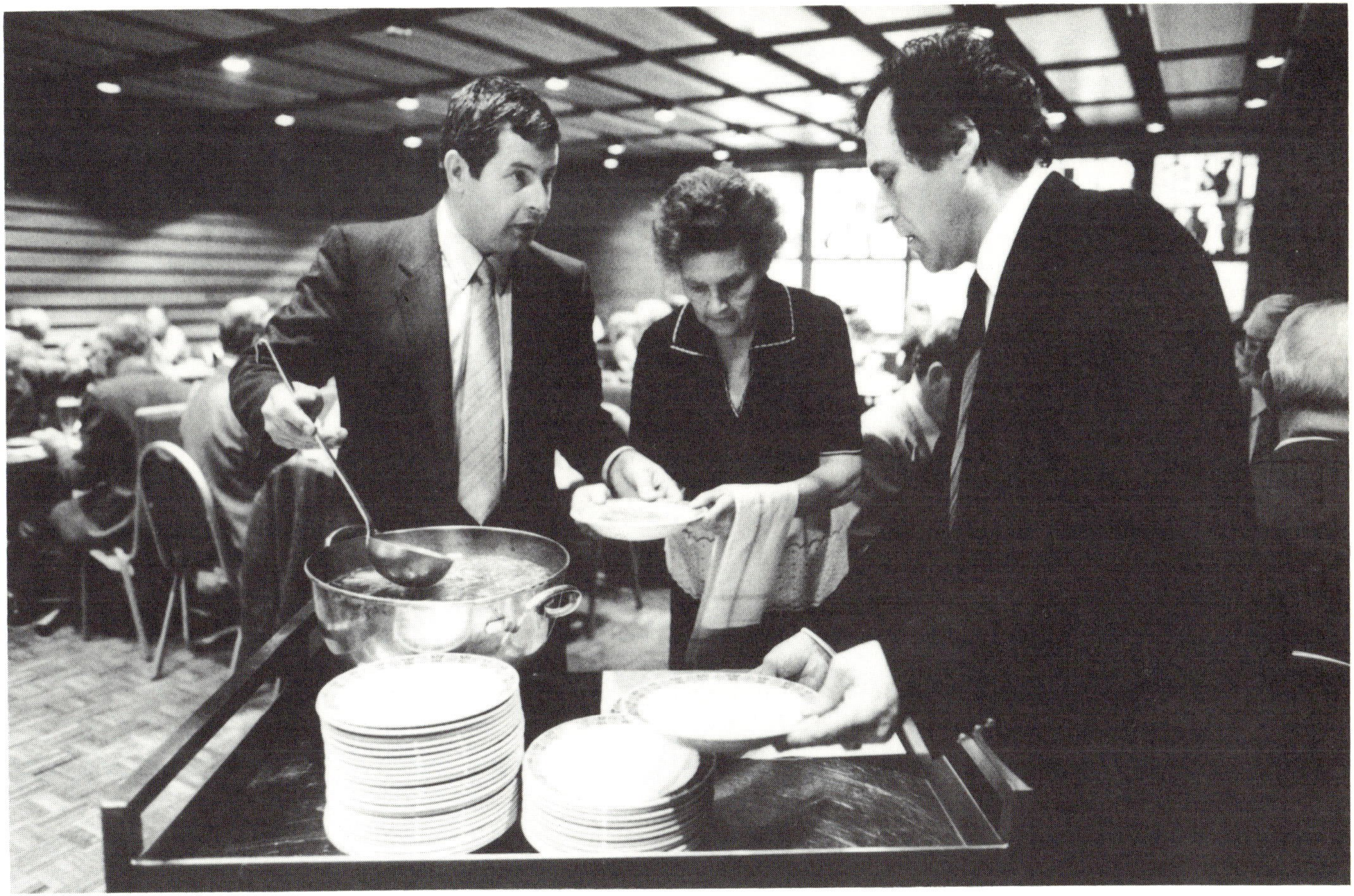

# Gabrielle P., Allround-Angestellte, im Teestübli an der Postgasse

«Ds Teestübli isch en Insle, es isch nid d'Realität.» Gabrielle P. arbeitet seit einigen Monaten im Teestübli: Sie hat, der Organisationsstruktur des Beizchens entsprechend, einen Allround-Job, serviert, macht das Buffet, hilft bei der Zubereitung der Speisen und beim Abwasch.

Eine äusserst ruhige Atmosphäre kennzeichnet das kleine Lokal. Die zwei Tischreihen sind aufgeteilt in Raucher und Nichtraucher. Auf einem kleinen Büchergestell stapelt sich Öko-Literatur.

«I wett lieber, dass hie alli mügleche Lüt vorchohre u nid numc do ganz spezielle Publikum.» Im Teestübli gibt's das wohl grösste Angebot an verschiedenen Teesorten in dieser Stadt, biologische und biologisch-dynamische Nahrung. Atmosphäre und Angebot passen vielen Beizengängern nur bedingt. «I wett lieber e Beiz, wo e Fuehr los isch, wo's louft, e Beiz, wo e ähnlechi Bedütig het wie ds Dorflädeli früecher im Dorf gha het.»

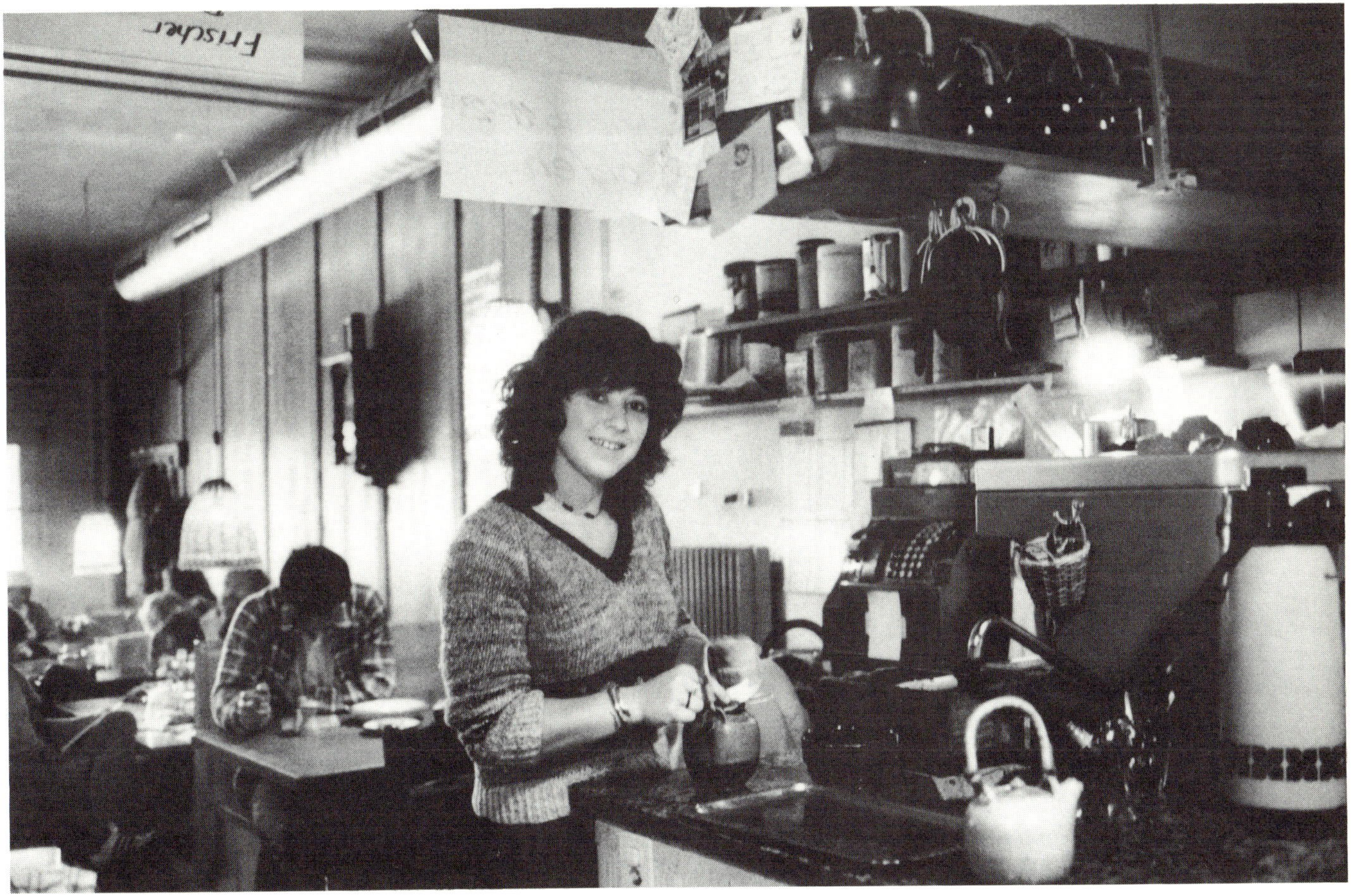
Frischer

# Christian M., Künstler, im Restaurant Fédéral am Bärenplatz

«Mir fähle Beize, würklechi Beize i dere Stadt. Settigi, wo me dr Plousch het am sech träffe, wo ds Gspräch zu de Säubverständlechkeite zellt, Beize, wo mi ab u zue zumene Suff animiere.»

Christian M. ist einer jener Künstler, die von ihrer Kunst nicht leben können. Deshalb arbeitet er rund zwei Monate im Jahr in anderen Jobs, nimmt, was sich gerade anbietet.
Er protestiert gegen das Fehlen eines von der Stadt getragenen Künstlerateliers und hat diesen Protest auch öffentlich gemacht: An einem schönen Sommertag ist er als Mieter eines Parkfeldes vor dem Bundeshaus aufgetreten, ohne Auto, dafür mit Pinsel, Farben und Arbeitstisch.
«Mir fählt o e Bar, wo 24 Stund lang offe het u gueti Musig bringt. Scho nume, wüll i sehr vil z'Nacht schaffe u de gäge Morge öppe mal möcht ga dr Fyrabe ylüte.»
Fehlende Ateliers und fehlende Beizen, das hat für Christian M. einen ganz direkten Zusammenhang: «Für mi gits bis hüt ke Kulturpolitik i dere Stadt.»

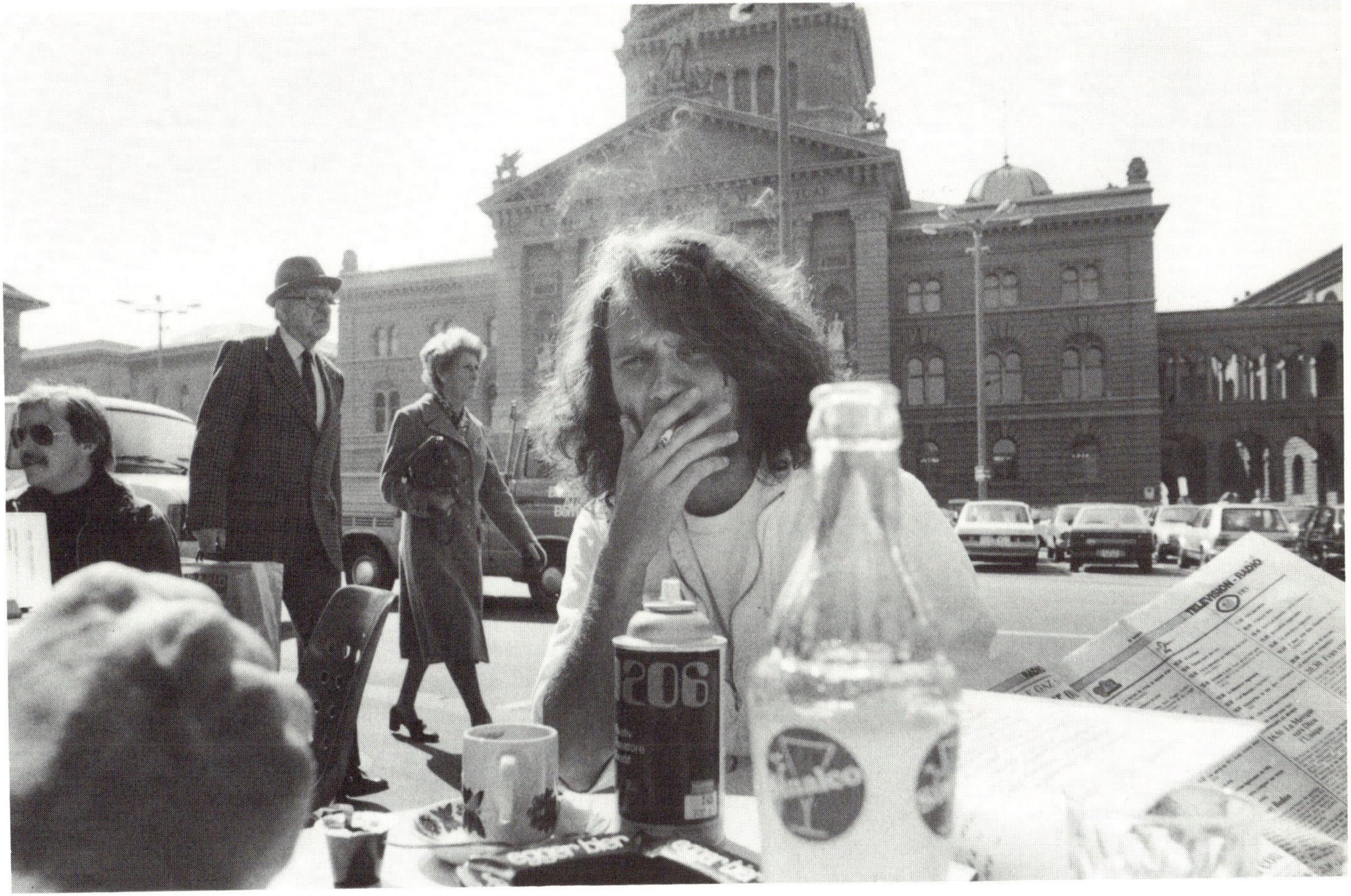

## Elsbeth S., Stadtschreiberin, im Hotel-Restaurant Nydegg an der Gerechtigkeitsgasse

«Dr Begriff Restaurant im härkömmleche Sinn bedütet für mi Schnitzel u Pommes Frites. Dr Usdruck Beiz hingäge isch e Uszeichnig. I r Beiz kenne sech die, wo regelmässig dert verchehre, die mönschleche Kontakte stöh im Vordergrund, ir Beiz träffe sech Lüt us de verschiedenste Kreise.»

Elsbeth S. wohnt in der unmittelbaren Umgebung des Restaurants Nydegg, sie benutzt ihr «Bistro du Point» als Filter zwischen dem terminbeladenen Amtsalltag und der Ruhe der eigenen vier Wände: «I cha nid diräkt vom Schaffe heiga, es bruucht irgendwo e Zwüschestation.»

Das voyeuristische Moment der Beiz ist ihr bereits von ihrer Mutter her geläufig. Diese habe immer gesagt «i bruuche nid i ds Theater, i gseh gnue hie (ir Beiz)», erzählt Elsbeth S., die selber sehr gern an der Nydegg-Bar sitzt und zusieht, «wie ds Pärsonal schaffet, wie jede Handgriff sitzt», sich dabei entspannt und mit der Wirtin Gespräche führt: «Üsi Wirtsfrou luegt ou, dass sech d'Gescht im Gspräch begägne, si behandlet se als ihri Fründe.»

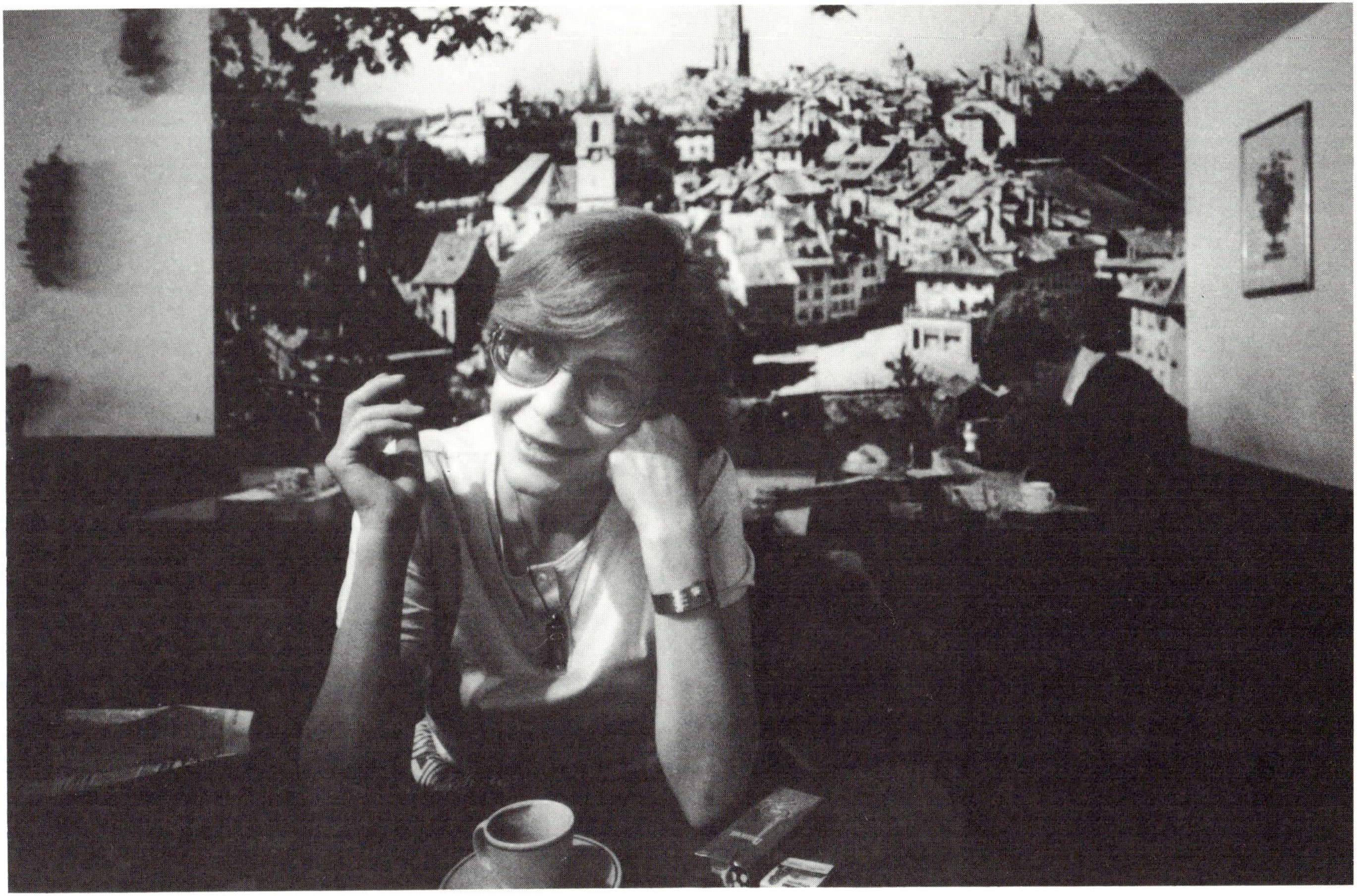

# Friedrich F., Kapellmeister, im Restaurant Thurm an der Front (Bärenplatz)

«Z'Bärn wei si ja keni Musikante meh i de Gaststube, si heis nümme nötig.» Friedrich F. bläst Alphorn, Saxophon und Klarinette. Im Lauf der Zeit ist er mit diversen Kapellen in Belgien und Holland, in Paris, München und Salzburg aufgetreten. «Nume über ds grosse Wasser bin i no nie cho. Aber das isch o besser so. Grad itz isch eine gstorbe us Oberburg, wo über ds Wasser gflogen isch. Är hets eifach nid möge verlyde.»

Friedrich S. ist natürlich auch Strassenmusikant: «I ga öppe uf Bärn, für es paar Batze z'mache. Was i verdiene, längt de für d'Spese u vil witer nid. Hützutags hets natürlech allerhand Musiglüt uf dr Strass, u sovil i ghört ha, fö d'Gschäfter scho afa reklamiere.» Privat geht der Kapellmeister selten in die Beiz: «I ha sälber es Chalet, u das heisst luege. Mit myr AHV chani nid z'grossi Sprüng mache.»

Der 69jährige Oberburger, dessen neueste Formation den Namen «Alpenklänge vom Emmental» trägt, kann nicht verstehen, dass die Musikanten aus den Beizen verschwunden sind: «Derby hei aube no die nünzgjährige Müeti tanzet, we mir gmusiget hei.»

54

55

# Hans J., Unternehmer, vor dem Restaurant Siffon an der Speichergasse

«Ir Beiz faht eigentlech alles a, d'Kultur, d'Politik, alls», meint Hans J., Chef eines Büros für temporäre Arbeit. Er schätzt, seiner Lebensphilosophie und seinem Stil entsprechend, Bern doch eher als Provinzstadt ein, in der nicht allzuviel läuft. Auch das bis nach Mitternacht geöffnete Siffon findet er «eigentlech ke so gmüetlechi Spunte, s'isch e so chli uf Messing u Mahagony trimmt». Hans J. ist trotzdem ab und zu da anzutreffen, «i bi e Zytlang geng öppe mit em Polo Hofer da gsy». Er ist als Exponent der Berner Szene bekannt, hat laufend neue Projekte im Kopf und realisiert sie auch. Seine jüngste Schöpfung ist ein Partnerwahlinstitut mit dem Namen «Du + Ich»: «Das isch hütt e wichtegi Sach, wo gly alls nume no hinger em Computer schaffet. Da hei vil ke Müglechkeit meh, irgend öpper lehre z'kenne, wone de o passt.»

Restaurant Musik-Bar
SIFON
Essentrinkenmusikhören
Mr. Pickwick Pub
37
CHEN-CENTER

# Ueli M., Bühnenarbeiter, im Café des Pyrénées am Kornhausplatz

«Weni guet zwäg bi, da gan i für ds Znünibier i d'Beiz u wen i schlächt zwäg bi, de gan i ga dr Znünibrand bezwinge.» Ueli M. verkehrt seit neun Jahren im «Pyri». Er ist der Ansicht, dass es tatsächlich noch einige Beizen gibt in dieser Stadt. Eben das Pyrenée zum Beispiel oder z'Gugus (Brasserie Lorraine oder Kukuz) oder auch die Genossenschaftsbeiz Schütti.

Ueli M., der gleich vis-à-vis am Stadttheater sechs Jahre lang als «Kulissenschieber» gearbeitet hat, sitzt gerne in der Beiz, weil sie ein gutes Mittelding zwischen Privatsphäre und Öffentlichkeit ist: «Das isch nid wie ne Bsuech, wo de Verpflichtige hesch. Da chasch eifach dr Huet näh u gah, grad wes dr drnah isch.»

«D'Beiz isch natürlech o guet für bsungeri Lüt z'träffe.»

Ueli M. sitzt an diesem Tag wieder mal an einem Tisch mit seinem Bruder, der für Helvetas Entwicklungshilfe in Nepal leistet und seit zwei Jahren zum erstenmal auf Besuch in der Schweiz ist.

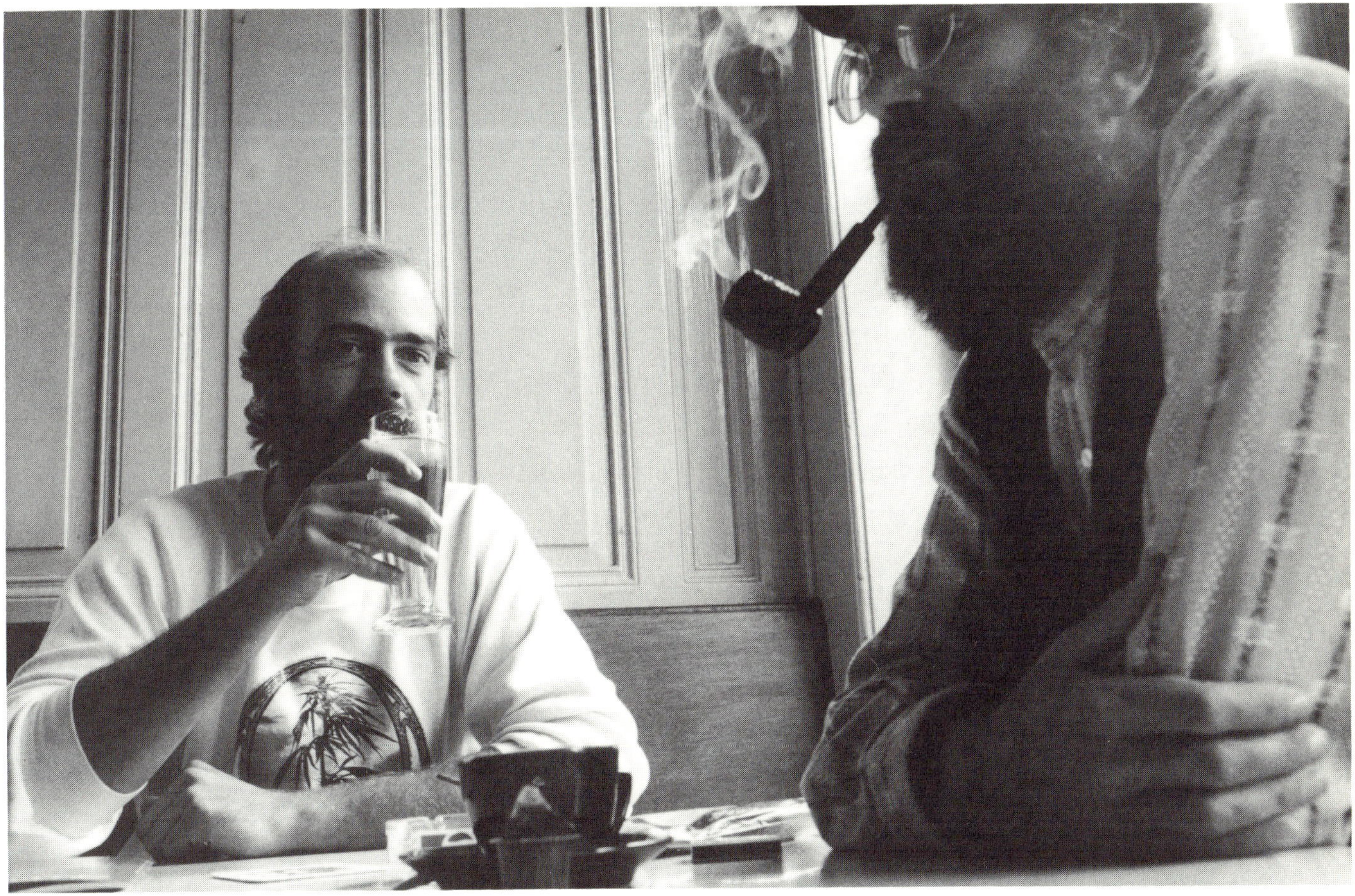

## Charly A., Barmann, in der Bar Lorenzini an der Marktgasspassage

«Dr Job isch churzwylig, i machene gärn, vor allem wägem Kontakt mit de Lüt.» Charlie A., seit dreieinhalb Jahren Barmann in der Bar des Restaurants Lorenzini, hat nicht den einfachsten Posten in der Berner Gastgewerbeszene. Die Bar – vielen unter dem Kurznamen «Quick» ein Begriff – steht bereits seit Jahren phasenweise im Ruf, einer der Treffpunkte der Berner Drogenszene zu sein: «E Zytlang hei mer zvil Süchtegi hie gha, u di andere Gescht hei afa usblybe.»
Mit einem Umbau hat man in der zentral gelegenen Bar andere Kundschaft zu werben versucht. Charlie, seinen eigenen Worten zufolge selten schlechtgelaunt: «Mit dr Renovation het das Verhältnis wider e chli gänderet.»
Charlie A. hat in seinem Job Kontakte zu den verschiedensten Charakteren, Gruppen und Szenen. In der Bar sitzen beim Morgenkafee bestbekannte Anwälte und unausgeschlafene Hänger Seite an Seite, in die Barnacht teilt sich eine schöne Zahl exklusiver Normalverbraucher, vom gepuderten Dandy im Warenhaus-Safarilook bis hin zur Netzstrumpflady.
Mit den Leuten hat Charlie eigentlich nur Mühe, «we si wäuts chlatsch sy, di ganzi Zyt dr Tutsch voll lyre u de no hingerem Bier ypenne.»

61

# Emma M., Serviererin, im Bahnhofbuffet Bern

«I dr letschte Zyt han i nume Chilbine gha», konstatiert die Serviererin Emma M. lachend.

Es ist kurz nach vier Uhr früh, das Buffet hat soeben geöffnet. Am Eingang steht ein Türhüter der Securitas und gewährt den Hereindrängenden in Fünfergruppen Einlass. Man hat Erfahrungen im Bahnhofbuffet: Würde man den Eintritt nicht kontrollieren, käme es bereits in der Selbstbedienungsstrasse zu Keilereien.

Emma M. sorgt an der Kasse für Aufsehen. Sie will ihre Portion Schinken mit Spiegelei mit einer Tausendernote bezahlen. Emma erzählt viel an diesem noch jungen Morgen, singt, dichtet: «Micheli, Micheli, tuesch no dümmer, schlat dr ds Emmeli d'Nase chrümmer», meint sie zum Fotografen. Und lacht wieder: «I bi es Bärner Stadtoriginal, das isch de uf all Fäll klar. Mir het einisch eine Poscht gschickt vo Marokko. Uf dr Adrässe hets gheisse ‹Emmu, Festhütte, Bärn›. Das isch de uf jede Fall acho.»

Emma kann in diesen Tagen nicht arbeiten: «Itz kennen i dä sit füfzäh Jahr. U när trait ufzmal düre u verchlopfet mi. Sithär het er sech nümme zeigt.» Emma kann nicht arbeiten, weil ihr ein alter Bekannter die Zähne aus dem Mund geprügelt hat: «I mues zersch wider Zähn ha. Ohni Zähn chasch würklech nid serviere.»

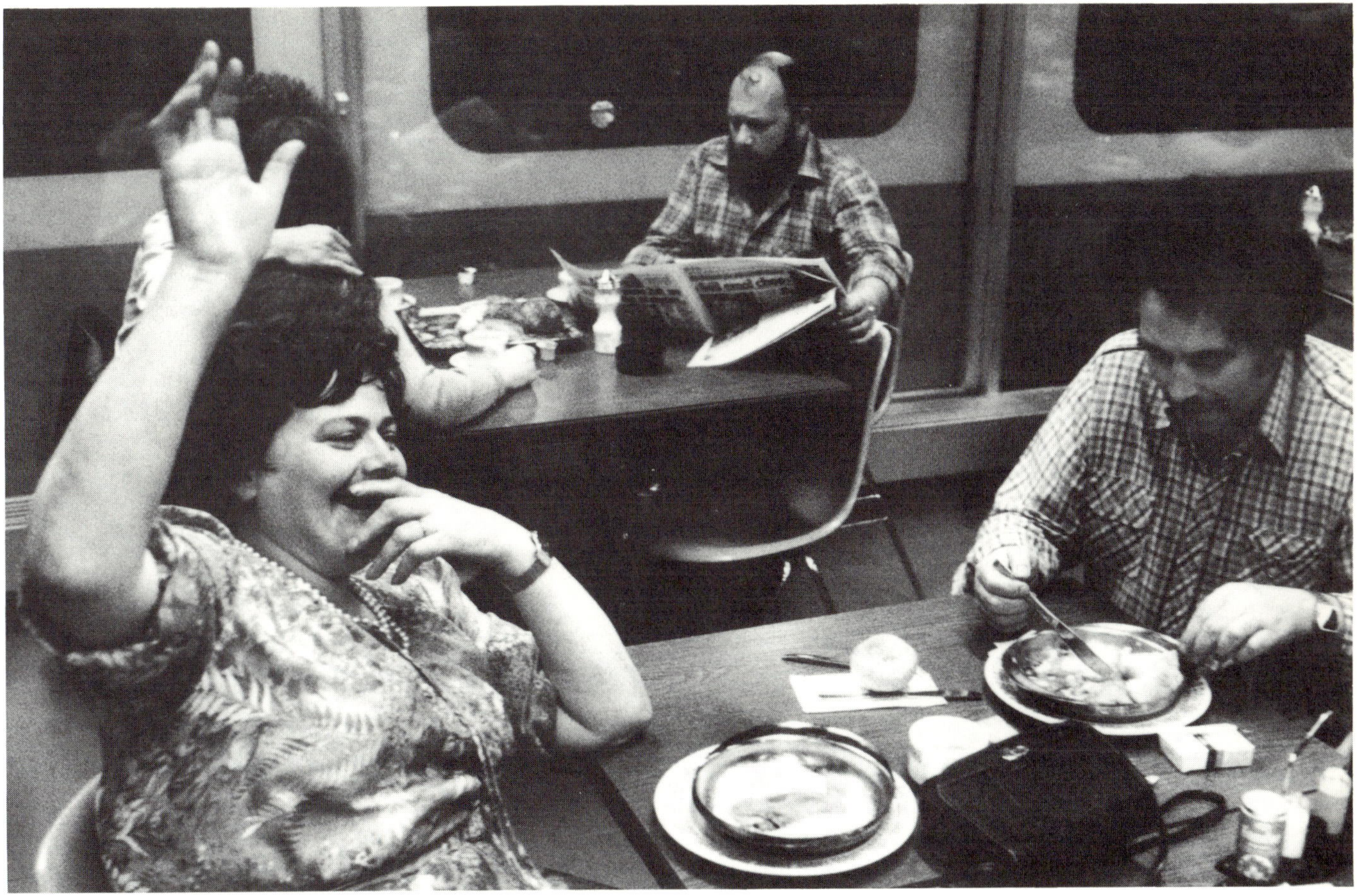

# Autoren

Bildautor Michael v. Graffenried, geb. 1957, lebt in Bern und arbeitet als freiberuflicher Fotograf für Zeitschriften und Magazine im In- und Ausland. Autor von zwei Bildbänden («Unter Berns Lauben» und «Folkfestival»). Das Bild entstand im Restaurant Zunfthaus zu Webern.

Textautor Bendicht Luginbühl, geb. 1955, lebt in Bern. Journalist, Mitglied des Pressebüros «textfass» in Bern, arbeitet vorwiegend in den Bereichen Kultur und Gesellschaft für verschiedene Zeitungen und Zeitschriften. Das Bild entstand im Café Postgasse.